AF227708

LETTRE

D'UN LIBÉRAL

A

UN DÉMOCRATE

Poitiers. — Imp. de A. Dupré.

LETTRE

D'UN LIBÉRAL

A

UN DÉMOCRATE

PAR

M. Théodore GAILLARD

Chez tous les libraires

POITIERS

IMPRIMERIE DE A. DUPRÉ

RUE DE LA MAIRIE, 10

Avril 1866

LETTRE

D'UN LIBÉRAL

A

UN DÉMOCRATE

————

Poitiers, le 20 avril 1866.

Mon très-cher ami,

Quelque étranger qu'on soit ordinairement
à la politique, on ne peut rester indifférent
aux luttes qui, chaque année, ont lieu au

Parlement, à l'occasion du vote de l'Adresse et de la discussion du budget.

Ces graves débats raniment l'esprit patriotique et conservent parmi nous l'éloquence parlementaire, ce feu sacré qui, faute de trouver l'occasion de se manifester, finirait par s'éteindre et disparaîtrait de notre France, où, pendant si longtemps, il a créé des prodiges.

C'est sous ce rapport surtout que l'existence de l'opposition semble nécessaire dans une grande assemblée comme le Corps législatif.

Cette année, elle s'est développée d'une

manière tout à fait inattendue, sous l'empire de certaines préoccupations que je crois exagérées. Lors de la discussion de la loi sur l'instruction publique, il est présumable que nous allons la voir grandir encore, car c'est là que vont se porter les grands coups.

Mais, sur ce point comme sur les autres, elle sera vaincue, car elle va manquer d'ensemble.

La question de l'instruction publique est encore, en effet, pour l'opposition, une question fort mal digérée. Les uns demandent la gratuité de l'instruction primaire ; d'autres voudraient, en outre, la rendre obligatoire. Ceux-ci ne rendraient obligatoire que l'instruction; ceux-là exigent qu'on la prenne à l'école salariée par l'État.

S'il ne s'agissait que d'exiger des enfants l'instruction la plus élémentaire, on aurait encore à voir si l'intervention de l'État dans les affaires de la famille ne serait pas contraire à l'idée qu'on doit avoir de l'autorité paternelle, et s'il n'en résulterait pas un affaiblissement de cette autorité.

On aurait aussi à examiner comment une pareille contrainte s'harmonierait avec la liberté.

Toutefois, à part ces grandes questions et celle de savoir s'il ne serait pas ridicule de donner gratuitement aux gens riches un instruction qu'ils pourraient parfaitement payer, je trouverais que *cette obligation* pourrait avoir son bon côté, car nous savons que les gens tout à fait illettrés sont en peine pour faire leurs affaires, et qu'ils sont pourtant assez apathiques pour ne pas donner à leurs enfants la première instruction.

Mais il ne faut réfléchir qu'un instant pour voir que ce n'est pas à cela que s'arrêtent les prétentions de la démocratie ; elles vont beaucoup plus loin et visent à un but irréalisable.

Voici quel est son raisonnement :

« Nous sommes les déshérités du siècle, et

nous sommes destinés à l'être longtemps; car la fortune, qui procure aux heureux de ce monde toutes les jouissances, ne s'acquiert que par l'instruction : or, en nous tenant toujours dans l'ignorance, nous n'y arriverons jamais; et, par suite, jamais nous ne sortirons de cet état d'infériorité dans lequel les générations semblent destinées à rester éternellement.

» Le monde est partagé en deux classes bien distinctes : les riches et les pauvres, les bourgeois, c'est-à-dire les oisifs, et les ouvriers, c'est-à-dire les travailleurs. Aux riches l'instruction, la fortune, les honneurs; aux pauvres, l'ignorance, l'indigence et l'infériorité.

« A quoi cela tient-il ?

» A l'instruction que les riches font donner à leurs enfants, et dont sont privés les nôtres ; car, apparemment, Dieu n'a pas dit à ceux-là : Vous serez toujours les dominateurs, et aux autres : Vous serez toujours les esclaves. Dieu a fait les hommes semblables ; il leur a réparti à peu près également la somme d'intelligence dont il a voulu les doter. Les riches n'en ont pas plus que nous ; seulement ils l'ont eue développée par l'instruction.

» Que nous manque-t-il donc pour être leurs égaux ?

» L'instruction.

» Faisons en sorte qu'elle nous soit donnée

gratuitement, pour que nous puissions tous y atteindre, et l'on verra quels sont les plus capables.

» Mais, comme les hommes sont égoïstes, et que beaucoup d'entre nous, pour se procurer un certain lucre, préféreraient envoyer leurs enfants à l'atelier qu'à l'école, ne nous contentons pas d'exiger que l'instruction soit gratuite, rendons-la obligatoire. Désormais, plus de résistance de la part des pères égoïstes : tout le monde devra participer à l'instruction. »

Voilà quel est et quel doit être le raisonnement de la démocratie, car elle croit que c'est par là qu'elle peut rapidement arriver dans la classe des *privilégiés*.

Voyons donc si ce raisonnement est fondé et si ces idées sont réalisables.

D'abord, que veut dire ici ce mot *privilégiés* dont on fait abus ?

S'il s'appliquait à la noblesse (1), je le comprendrais, car je la vois formant une classe ou, si l'on veut, un cercle dans lequel il est impossible d'entrer.

---

(1) J'entends ici parler de l'ancienne noblesse, et non de celle conférée depuis la révolution.

Ainsi, quelque mérite que vous ayez ; que vous soyez bon citoyen, bon fils, bon époux, bon père, bon travailleur ; que vous ayez tout l'ordre et toute l'intelligence possible ; que, par suite de votre intelligence et de votre labeur, de votre ordre et de votre économie, vous soyez arrivé à la fortune, la noblesse vous est interdite, le cercle vous en est fermé. Je comprends, dis-je, qu'à ceux qui vous repoussent ainsi vous jetiez le mot : privilégiés !

Mais en est-il ainsi de la classe de la bourgeoisie, qui forme le noyau de la nation ?

Non, évidemment ; le cercle qui la renferme

reste toujours ouvert ; rien ne vous en éloigne. Avec l'amour du travail, de l'ordre et de l'éco-nomie, on y entre sans éprouver aucune résistance, sans en quelque sorte s'en aper-cevoir.

La bourgeoisie, c'est le repos après le tra-vail, c'est la retraite après l'activité ; nulle exception ne vous en exclut, nulle condition ne vous en éloigne, si ce n'est celle de pos-séder de quoi vivre sans travailler forcé-ment.

On est bourgeois avec 300 francs de rente, comme on l'est avec 3,000 francs, de même qu'avec 30,000 francs : tout dépend des besoins qu'on se crée et des jouissances plus ou moins factices qu'on se procure. Ce n'est pas le plus ou le moins de fortune qui vous fait entrer dans la bourgeoisie; c'est la retraite dans laquelle vous pouvez vivre, en jouissant des fruits du travail de votre jeunesse.

Je le répète : la bourgeoisie, c'est la récompense du travail, c'est le fruit de l'ordre et de l'économie.

Dès lors, puisque, dans ces conditions si naturelles, si morales, si civilisatrices, tout le monde peut être bourgeois, comment appliquer à la bourgeoisie l'épithète de *privilégiés ?* C'est pis qu'un mensonge, c'est un blasphème ; car rien n'est plus sacré que le travail. Et ne vous apercevez-vous pas que vous essayez ainsi de le flétrir !

Maintenant, qu'importe que cette fortune qui nous a faits membres de la bourgeoisie soit le produit de notre travail ou celui du travail de nos pères : en est-elle moins sacrée ?

Prenez garde ! l'homme n'est pas, quoi qu'on en dise, toujours égoïste : souvent il ne travaille que pour ses enfants ; et, en profanant la fortune, en l'attaquant lorsqu'elle sera aux mains de ceux pour lesquels il travaille, vous lui ôtez toute son énergie, vous l'annihilez !

Donc, la fortune n'est pas un privilége ; donc, ceux qui la possèdent, qu'elle soit le fruit de leurs sueurs ou celui du labeur de leurs ancêtres, ne sont pas des privilégiés.

Toutefois, avec la connaissance que j'ai du cœur humain, je conçois très-bien l'impatience de la démocratie.

On lui dit de travailler en silence à acquérir une aisance qui lui permettra plus tard de se faire bourgeoisie, et elle répond par une impatience plus grande, et elle crie plus haut encore au privilége ; et ces années de travail qu'on exige d'elle, elle voudrait les dévorer, pour arriver plus vite au but tant désiré.

Soit !

Mais où est la justice, où est la raison ?

Comment accuser la bourgeoisie d'une chose qui lui est étrangère ?

La plupart de nos familles, issues d'artisans ou de laboureurs, ont mis plusieurs générations à arriver patiemment au but auquel vous voulez atteindre en quelques années : nos pères et nos grands-pères s'en sont-ils plaints? A Dieu ne plaise que je l'exige ! mais où serait le mal que vous fissiez comme eux ?

Ah ! je comprends que, premiers arrivés, plus humains qu'on ne l'a été pour nous, nous vous tendions une main amie; mais, au moins, ne nous calomniez pas, ne nous injuriez pas ; car, en trouvant chez nous une protection que nous n'avons pas trouvée chez les autres, c'est vous qui êtes les privilégiés.

Après tout, que veut la démocratie? Ce

n'est pas apparemment une subversion : qu'y gagnerait la société?

Au lieu de Pierre, ce serait Paul qu'on verrait aux affaires : cela ne ferait pas faire un pas à la morale publique et au bien-être social.

Ce qu'elle veut, et, honnêtement, elle ne peut vouloir autre chose, c'est le nivellement de la société.

Ce nivellement, ce ne sont pas les révoltes qui l'amèneront : on en a essayé inutilement déjà ; et d'ailleurs ce serait un mauvais moyen, un moyen peu moral, qui répugnerait aux honnêtes gens.

Il faut patiemment laisser les choses suivre leurs tendances.

Du reste, ce serait être aveugle que de ne pas voir qu'il arrive, qu'il est en partie déjà arrivé.....

La démocratie, je ne veux pas parler de celle qui a toujours l'injure à la bouche et le poignard à la main, mais de celle qui raisonne, qui est calme et digne, sait très-bien que, pour être durable, ce grand mouvement doit être amené par des moyens honnêtes.

C'est pourquoi, ainsi que je l'ai dit, elle réclamera la première condition pour l'acquérir, c'est-à-dire l'instruction qui développe les qualités de l'esprit.

A cela je n'ai rien à dire, si ce n'est que ce nivellement, si acceptable qu'il soit dans la forme, n'est pas praticable au fond.

En effet, qu'on donne à la société telle forme qu'on voudra, il faudra toujours des gens de tous les métiers. Or, l'homme dont l'imagination a été développée par l'instruction n'est plus propre au travail manuel. Habitué de bonne heure à l'inaction, sa tête s'exalte et son sang s'échauffe à la moindre fatigue. Du reste, le séjour sur les bancs des écoles l'a énervé, et, en lui enlevant ses forces physiques, l'a mis dans l'impossibilité de suffire à un travail exigeant.

Et pourtant, dans une société, il faut des hommes qui pensent et des hommes qui agissent ; il faut des écrivains et des laboureurs, des travailleurs de la pensée et des travailleurs de la main.

Avec le système des démocrates, où trouver ces derniers ?

D'ailleurs, comment faire que des gens ayant reçu une instruction achevée consentent à manier la lime et le ciseau, ou bien encore à exercer une de ces professions dont la nécessité peut seule surmonter le dégoût ?

Il faut de tout dans une société ; que ce soit

le pauvre d'aujourd'hui ou celui de demain,
que ce soit vous ou moi, peu importe, il faudra toujours, je le répète, des ouvriers de la
main.

Et j'ai démontré, ce que du reste chacun
peut expérimenter, que le travail manuel
est incompatible avec l'instruction que la démocratie réclamerait comme une dette de
l'État envers tous les citoyens.

Voilà cependant avec quelles rêveries on
essaye d'agiter les masses !

Du reste, tous les démocrates ne semblent

pas avoir pris exclusivement pour drapeau l'instruction gratuite et obligatoire; certains ne réclament que la *liberté*.

Ce mot, chez eux, résume sans doute toutes les améliorations : c'est la panacée universelle, la dada qui nous mènera à tout.

J'avoue que, pour ma part, malgré ma grande indépendance, je me défie de toutes ces libertés.

Avec cette ivresse de la pensée, cette licence de la presse, où irez-vous ?

Vous vous livrerez sans doute, avec la plume

ou la parole, des combats acharnés; vous entraînerez les masses : mais où les conduirez-vous? Ce que l'un conseillera, l'autre viendra le proscrire, et, au milieu de ce conflit, de ces systèmes plus passionnés les uns que les autres, comment voulez-vous que le peuple s'y reconnaisse? Vous l'entraînerez sur la place publique, mais vous l'aurez dégoûté du travail, et par suite vous l'aurez ruiné; car ce n'est pas en passant sa vie à lire des journaux ou à entendre des rhéteurs qu'il gagnera de quoi suffire à ses besoins et à ceux de sa famille, à moins pourtant que, fidèles aux principes de vos devanciers, pour avoir des lecteurs ou des auditeurs, vous ne consentiez à les salarier, comme jadis les jacobins payaient *les tricoteuses*.

Ainsi, vous l'aurez ruiné, et, en le ruinant, vous l'empêchez vous-même d'arriver à la bourgeoisie, c'est-à-dire au repos.

La liberté ! c'est encore là un de ces mots magiques avec lesquels on espère amener une prompte révolution, sinon dans les choses, du moins dans les idées.

Cette liberté, telle que l'entend la démocratie, en quoi pourrait-elle profiter au peuple ? Sommes-nous donc esclaves, et avons-nous des tyrans ?

Quand les quinze députés qui forment, au Corps législatif, ce qu'on appelle l'extrême opposition, auront remplacé aux affaires ceux qui y sont aujourd'hui, je comprends que cela puisse leur paraître un résultat merveilleux ; mais pour nous, bourgeois et peuple, c'est-à-dire peuple d'hier et peuple d'aujourd'hui, gens qui ne sommes et ne serons rien dans l'État que des travailleurs et des payeurs d'impôts, en quoi cela peut-il nous profiter ?

Et, en effet, toujours on nous fera payer l'impôt et porter le mousquet, parce que, pour entretenir cette grande communauté qu'on nomme l'État, il faut de l'argent, et que, pour la défendre, il faut des soldats.

Il n'y a donc pas lieu de trop s'en plaindre,

quitte à savoir néanmoins si la machine ne pourrait pas marcher sans exiger tant d'hommes et tant d'argent : c'est là la seule, la vraie question.

Ainsi, l'instruction et la liberté, *comme l'entend l'opposition*, ne sont que des rêves irréalisables, dont elle berce le peuple, mais qui ne peuvent amener que des dangers et des déceptions.

Agréez,

THÉODORE GAILLARD.

Poitiers. — Imp. de A. DUPRÉ.

www.ingramcontent.com/pod-product-compliance
Lightning Source LLC
Chambersburg PA
CBHW051745050726
47598CB00003B/1338